LA HIPNOSIS COMO TÉCNICA EN PSICOTERAPIA

Fernando A. Muñoz M.

LA HIPNOSIS COMO TÉCNICA EN PSICOTERAPIA

EDITORIAL
Letra Minúscula

Primera edición: enero de 2021
ISBN: 978-84-18640-10-0
Copyright © 2021 Fernando A. Muñoz M.
Editado por Editorial Letra Minúscula
www.letraminuscula.com
contacto@letraminuscula.com

Índice

Introducción

La práctica de la hipnosis ha pasado por una gran cantidad de altibajos a través de la historia, en algunas ocasiones por mitos que se han manejado desde el colectivo general haciéndola ver como peligrosa y hasta diabólica y, otras veces, por desconocimiento y mal uso de esta técnica por parte de los mismos profesionales en Psicología y Psiquiatría. En este libro me he propuesto poner por escrito algunos detalles que estimo que han sido malentendidos en cuanto al uso de la hipnosis como técnica en Psicoterapia, tratando de argumentar la importancia de usarla dentro de un contexto psicoterapéutico, evitando aplicarla como panacea o perdiendo de vista sus valores o sus limitaciones.

No se pretende hacer un manual de hipnosis, como tampoco un tratado sobre esta técnica. Es únicamente un esfuerzo por poner en manos de los psicólogos, orientadores, consejeros y personas interesadas en utilizar esta técnica, las bases prácticas para su aplicación, especialmente cuando se trata de personas que se inician en el uso de la misma.

Como primer paso dentro del proceso de hipnosis es saber una persona es sensible a la hipnosis. Aquí les presento algunos medios para aprender tanto la inducción a la susceptibilidad así como técnicas para lograrla; esto les sirve para identificar si la persona a la que se le desea aplicar la hipnosis es susceptible a la misma. Esto es con la intención de entregar al lector lo correspondiente al proceso que se debe seguir en la inducción hipnótica, a fin de lograr el nivel adecuado hipnótico apropiado para dar las órdenes hipnóticas, que sería uno de los fines primordiales en el uso de esta técnica.

Lo correspondiente a las órdenes post-hipnóticas, especialmente lo que deben contener cada una de ellas, ocupan una parte del libro porque creo, al igual que muchos otros autores, que una de las grandes limitaciones para ver la eficacia de esta técnica reside precisamente en la manera como se dan estas órdenes. Por ello, a modo de sugerencia, recojo distintas experiencias que pueden ser de utilidad sobre el uso de la hipnosis.

La última parte del libro se dedica al procedimiento, propiamente dicho, de inducción hipnótica considerando diferentes formas de llevar a cabo el mismo. Algunas de estas técnicas han sido utilizadas por personas reconocidas en el campo de la salud, puestas en práctica por ellos mismos durante muchos años, por lo que nos han regalado esta buena experiencia que muestra excelentes resultados.

Aunque me acerco a la hipnosis como una técnica en psicoterapia, por supuesto que no se da el tema por agotado, así como tampoco la proximidad y pequeñas variaciones que hay entre el uso de una hipnosis más clásica o de corte más psicoanalítico, otro tipo de corrientes y usos de la hipnosis e inclusive, la hipnoterapia de Erikson.

Espero que este libro sea de utilidad para todas las personas que se han sentido atraídas por conocer más acerca de esta técnica, por los aprendices en hipnosis y sobre todo espero que todos/as mis colegas psicólogos/as, los psiquiatras, consejeros y orientadores que utilizan la hipnosis, le encuentren la riqueza que tiene y les "ayude a ayudar" a tantas personas que pueden verse beneficiadas con esta técnica.

1. Mitos sobre la hipnosis

La hipnosis, como técnica psicoterapéutica, aunque ha sido utilizada en algunos períodos más que en otros, cayó en desuso por una serie de mitos que se fueron introduciendo tanto entre el colectivo general como entre los mismos profesionales de la salud. Esto perjudicó el uso de la hipnosis y, aunque nunca ha dejado de usarse, ahora la vemos resurgir. Aquí menciono algunos de esos mitos que se manejan con demasiada frecuencia. En mi experiencia como profesor de Psicología y enseñando esta técnica, he escuchado innumerables opiniones de estudiantes y de otros participantes en estos cursos que giran en torno a estos mitos. Ello confirma la desinformación, el uso inadecuado de la técnica y los miedos infundados que hay sobre el particular.

Es importante señalar lo que es común en el lenguaje popular acerca de la hipnosis. Estas opiniones son comprensibles, vienen de algunas personas sin instrucción alguna ni conocimiento en el campo de la Psicología, pero lo que es interesante y por ello lo señalo, son opiniones que, en algunos casos, están dadas por profesionales de la salud, sean estos psicólogos, orientadores, consejeros, médicos u otros. Lo cierto del caso es que son afirmaciones que ameritan ser aclaradas o en algunas instancias ser desechadas. De diversos modos reflejan un desconocimiento de la técnica y en otros casos un uso inadecuado de la hipnosis en los procesos psicoterapéuticos por lo que opinan si ver los resultados que se logran cuando se hace el uso adecuado de esta técnica.

Mitos con respecto al colectivo general

Como he dicho, sobre hipnosis hay diversidad de opiniones entre la gente. Algunas se mueven en un plano relacionado con lo religioso y otras se mencionan con respecto a la práctica de la misma y de las consecuencias orgánicas en el individuo.

Menciono lo que con mayor frecuencia se escucha entre las personas que abordan el tema, conversando sobre los resultados de quienes han participado en alguna sesión de hipnosis o comentan sobre los temores que les causa la posibilidad de que se aplique esta técnica; también que la persona puede quedar dormida para siempre, que le puede dar un infarto, entre otros.

En un plano de relación con lo religioso, otros dirán que la hipnosis es producto del ocultismo y usada por el esoterismo, sin ningún fundamento en estas afirmaciones. Esta perspectiva se desarrolló con el surgimiento de grupos con influencia de religiones pentecostales que veían, en cualquier manifestación de la que no se habían preocupado por estudiar, expresiones "misteriosas" que involucraban fuerzas del mal, del demonio; por ello, algunos la relacionaron con una práctica "diabólica". Nada más lejos de la verdad. En estos apuntes me refiero a la hipnosis en términos psicoterapéuticos y que no tiene nada que ver con fuerzas ocultas ni con poderes extraños, como se verá más adelante, como tampoco tiene consecuencias en la salud de la persona.

¿Se puede hacer un mal uso de la hinosis? Sí, pero así también sucede con cualquier cosa en la vida, puede ser de mucha utilidad pero también puede ser utilizada para hacer daño. El cuchillo, ¡qué útil para comer, pero qué peligroso si lo usamos contra otra persona! Depende entonces de la intensión que tenga la persona y del uso que haga de las cosas; no solamente de la hipnosis.

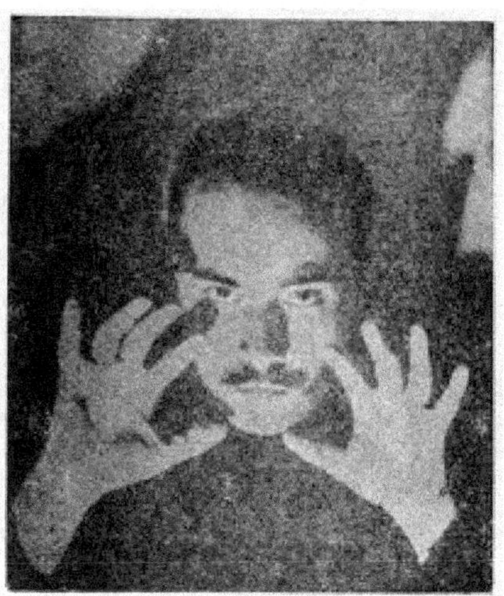

Es común escuchar la afirmación de que hay peligro de que la persona hipnotizada se pueda quedar dormida. ¿Han escuchado alguna vez que a alguien le sucedió algo así? Tan simple como esto, nunca se ha dicho que alguien bajo el sueño hipnótico se haya quedado dormido para siempre, o sea, en la tragedia de esta afirmación... se murió, nadie ha muerto por aplicación de una técnica que lo que busca es el modo de mejorar la condición de vida, el manejo de dificultades personales, la manera como se vé a sí misma, como valora a las otra personas o como percibe la vida misma. En caso que una persona en estado hipnótico dejara de oír la voz del hipnotizador, el proceso que lleva de invitación al descanso se convierte en sueño natural, o lo que podría haber sido descanso hipnótico luego es sueño del que cualquier persona puede disfrutar en cualquier momento; entonces, después de un breve espacio de tiempo lo que el hipnotizador hace es despertar a la persona naturalmente. Nadie se ha quedado dormido o se ha muerto en estado hipnótico. Suena a novela de fantasía o a película de terror propia de cineastas que buscan llenar la taquilla.

Es posible que también haya oído del peligro de que afecte el corazón o que dé un ataque cardiaco. Al respecto hay que decir que tampoco se ha oído que alguien haya padecido un ataque al corazón en estado hipnótico, porque en realidad, la hipnosis es conocida como un sueño o un estado, como quieran llamarlo, en el cual la persona más bien se encuentra en una fase de completa tranquilidad y relajación. Nadie muere del corazón por hipnosis.

También se escucha decir que las personas en estado hipnótico pueden hacer cosas que no desean hacer. Al respecto se está haciendo mención a una acción contra el orden moral o los principios que rigen la vida de una persona. Por ello, entre las preguntas es casi imperativo que surja la de aquellas personas a quienes les provoca miedo porque quieren saber si la hipnosis puede conducirlas a actuar contra la moral. Esto es común en mujeres, quienes pueden pensar que un hipnotizador pueda faltarles al respeto o abusarlas sexualmente sin que se den cuenta.

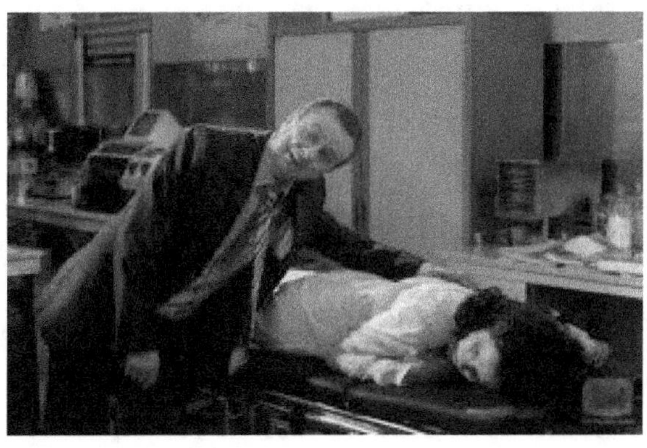

Pienso también en un ejemplo que me dio una persona en uno de los cursos que impartí sobre hipnosis, quien me preguntó si en estado hipnótico, el hipnotizador podía inducirlo a entrar a robar en un banco o en otro lugar. La respuesta a esto es muy sencilla, aquello que se me pida hacer en estado hipnótico que vaya contra los principios personales, me llevará a que el estado de sueño o de relajación se interrumpa. Nunca nadie podrá ponerme a hacer cosas que van en contra de mis principios.

Producto del desconocimiento acerca de la hipnosis o porque las personas conocen poco o nada acerca de ella, existe un miedo a estar "inconsciente". Esta es una afirmación totalmente equivocada acerca de la hipnosis porque la persona, por más profundo que sea su sueño, nunca estará inconsciente. La mente continúa trabajando ordinariamente, solo que bajo la sugestionabilidad a la que es inducida mediante la hipnosis. Algunos hablaron de sueño, otros de estado de vigilia, otros de estado de relajación profunda; lo cierto del caso es que nunca se da un nivel inconsciente.

Por otro lado, también se tiene miedo a que una persona en estado hipnótico pueda rebelar cosas íntimas que nadie conoce. Este es otro de los mitos más frecuente y creo que es uno de los que más influye para generar la resistencia que es propia de personas a quienes les es difícil ser inducidas a este estado de sueño hipnótico. Puedo asegurarles, por la experiencia vivida en la aplicación de esta técnica que, al igual que en los dos casos anteriores, no se puede obligar a una persona a hacer, decir o actuar contra lo que no desea. Insistir en ello lleva a la interrupción de la sesión hipnótica.

En lo que respecta a mitos sobre la hipnosis relacionado con lo religioso anoto a continuación dos ejemplos muy simples que nos ilustran esos mitos que las personas comúnmente manejan. Estos me los encontré, ni más ni menos que en Internet, se los copio textualmente:

Saludos Hermano.

Según lo que vi en Mythbusters, si bien es cierto que se puede usar la hipnosis como parte de algún tratamiento para problemas psicológicos e incluso adicciones, no se logró comprobar que realmente se altere el comportamiento de una persona que se somete a ella. No es como se ve en las películas donde la persona sale totalmente de sí para hacer cosas que normalmente no haría. Incluso la persona no llega a estar totalmente "en trance" o algo parecido, simplemente se logra un estado de relajación muy bueno. En mi caso, hace muchos años asistí a un psicólogo que intentó someterme a un tratamiento de este tipo y simplemente no resultó. No todas las personas son susceptibles a esto o sencillamente nos da algo de "cosa". Luego le pregunté a una pariente que estudiaba Psicología y me dijo que eso no es normal en la Psicología, ya que la tendencia es a aplicar técnicas científicas para el tratamiento de enfermedades psicológicas (no todos los que asisten a un psicólogo son enfermos mentales o algo así), como distintos tests, métodos o técnicas. Otra cosa que he visto es unos espectáculos en televisión donde un fulano hipnotiza casi inmediatamente a un grupo de personas para que hagan cosas ridículas o inusuales. Esto me parece una farsa solo para montar un show y no creo que eso sea posible. Si no es algo que no sea científicamente probado y que no atente con la vida o la dignidad humana, la Iglesia no lo aprueba, pero nunca he leído una postura oficial respecto a la hipnosis. Las preguntas que quiero hacer son pocas, pero importantes para mí...

1) ¿Es mala la HIPNOSIS?? Es decir: ¿Se puede usar la hipnosis *para fines curativos, etc., etc.?*

Hago esta primera pregunta, pues ya que vengo de un ambiente pentecostal y evangélico, y ellos dicen que la hipnosis lo que hace es poner la mente en blanco, y eso es darle cabida al demonio, como que le dejas una ventanita para que el maligno se meta ¿Eso es cierto según la Iglesia Católica?

Recuperado de: http://www.es.catholic.net/foros/viewto-pic.php?f=50&t=8909, el 9 de agosto de 2010.

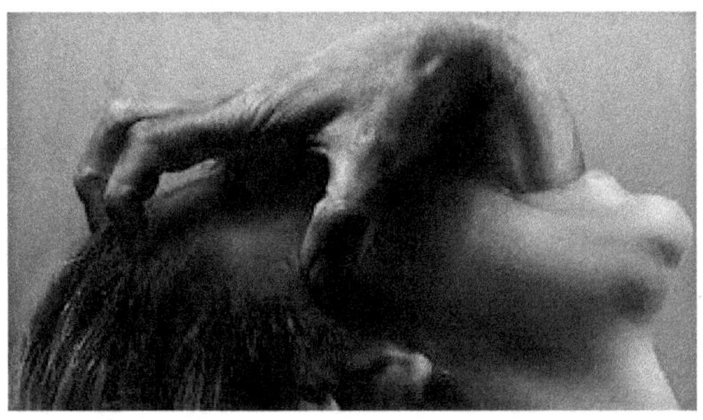

A estas preguntas dan algunas respuestas. Las he utilizado a manera de ejemplo porque se puede observar que muchos de estos mitos, como los enunciados antes, están presentes en esta consulta, los cuales en ocasiones son debidos al cine, a las novelas, a comentarios sin fundamento. En correos como éste se pueden notar opiniones tan variadas respecto a la hipnosis y no son opiniones antiguas, son actuales. Hablan de "trance", cosa que suena como espiritismo; les "da cosa"; la estudiante de Psicología consultada "dijo que eso no es normal en Psicología". Solo como una muestra de lo que las personas piensan y que estos comentarios son reflejo de lo que continuamente se repite.

Mitos con respecto a profesionales en la salud

Otro tipo de opiniones son importantes puesto que provienen de profesionales en la salud. He oído decir que la hipnosis "cura todo o lo cura todo rápidamente", es el mito de la eficacia. Especialmente se puede creer que la eficacia es sinónimo de rapidez. He oído esto especialmente cuando se trata de fobias. No es cierto. Un proceso hipnótico puede durar varias sesiones, tanto en su aplicación como en identificar el resultado en determinado problema o desorden por el cual la persona buscó ayuda y por lo cual el psicoterapeuta optó por aplicar la técnica hipnótica.

Creo que el desuso de la hipnosis como técnica ha sido una mala interpretación de lo que significa este método, ya que para algunos la hipnosis debe funcionar en el primer momento y con solo una sesión y para otros la hipnosis tiene que funcionar en todo caso que se nos presenta a consulta o en todo caso al que se le aplica esta técnica. Aunque en algunos casos funciona con solo una sesión, esto no es absoluto.

Para otros profesionales, la hipnosis no funciona o no sirve. En Psicoterapia no existe la panacea. Creer que cura hasta lo imposible es hacer que la técnica no se aplique o que se le quite su eficacia cuando no sucede lo deseado. De todas maneras, no existe técnica absoluta en Psicoterapia y que funcione en todo caso por igual. ¿Cuántas veces una técnica que fue muy útil a una persona resultó inútil en otra? ¿No es acaso común ver que una misma técnica de Psicoterapia, en una situación resultó excelentemente bien en esta persona y en otra, con la misma situación, no resultó? Así es con la hipnosis también.

La hipnosis es muy relativa, dicen otros. ¿Qué no hay relativo en este mundo? Absoluto es Dios y que algún día nos vamos de esta tierra, lo demás… todo es relativo. Ya dije en el punto anterior que cualquier técnica psicoterapéutica tiene sus enormes ventajas con algunas personas y, con otras, ninguna o mínima.

No es confiable, afirman otros. Si vemos la hipnosis como la técnica que tiene que responder a todo, pues entonces, sí que no es confiable. Pero si se la utiliza como una alternativa en Psicoterapia, de acuerdo con las circunstancias específicas de determinado paciente o cliente, entonces vemos que no solamente es confiable sino que es eficaz. E incluso, es importante decir que también todo depende de la pericia del profesional para saberla aplicar, en el momento adecuado, a la persona adecuada.

La hipnosis como trabajo en espectáculos y entretenimiento

La referencia que no pocas personas tienen con respecto a la hipnosis es producto de lo que se ha dado en espectáculos, o sea que la hipnosis ha sido más objeto de espectáculo que de adecuada información sobre sus usos psicoterapéuticos. Desgraciadamente, a veces, la hipnosis es utilizada como entretenimiento para hacer reír a las personas y ridiculizarlos frente al público; esta práctica puede explicar por qué se ha derivado tanto mito, con la consecuencia de que se disminuyera su calidad como técnica psicoterapéutica. Para mí, esta es la razón más fuerte por la que no creo que la hipnosis deba ser utilizada para asombrar al público. En este libro se la utiliza únicamente como medio de ayuda en un proceso psicoterapéutico y de ninguna manera, por lo dicho, recomiendo a los profesionales en psicología u otras áreas que la utilicen con fines de entretenimiento.

Retomemos lo que antes afirmé con respecto al cine. Gran cantidad de estos mitos se deben a películas que, para poner misterio a su contenido, muestran personas en supuesto estado hipnótico, actuando según la mentalidad malvada del actor con el fin de introducir al espectador en el miedo que desean producirle. Pero en la realidad, nada de eso es cierto.

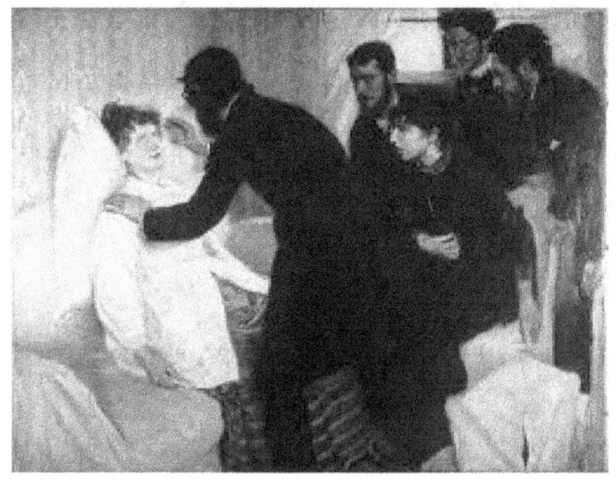

Por eso hay cantidad de imágenes que encontramos, las cuales expresan equívocos respecto de lo que esta técnica significa. Innumerable cantidad de ellas las encontramos en Internet, producto más del comercio que provenientes de una propuesta seria de lo que significa la hipnosis.

2. La hipnosis es una técnica más en el conjunto de un proceso psicoterapéutico

Hablar de proceso psicoterapéutico hace referencia a un camino que puede ir de dos sesiones hasta las que un paciente requiera. Me refiero a que decir "proceso" será desde el motivo de consulta hasta el modo como se intervendrá a la persona. Es un camino para buscar la consecución de los objetivos terapéuticos específicos que se han señalado en el caminar del psicoterapeuta con su paciente. En otro libro (2012) hablé de la importancia de acompañar a una persona, desde la situación con la que se nos presenta a consulta, o sea lo que denominé "la situación presente", hasta conducirla mediante este caminar a lo que deseamos que la persona alcance, el manejo o resolución de sus dificultades o conflictos, o lo denominado "situación deseada". En Psicoterapia hay un dinamismo importante. No es algo estático, es caminar hacia el logro de metas concretas. Dentro de este caminar se requiere de un plan de intervención, de unas técnicas de "intervención" donde la hipnosis puede ser una técnica de mucha ayuda. En algunos casos, basta ésta para haber proporcionado a la persona que asiste a consulta lo que necesitaba o venía buscando; en otros casos será una técnica más entre otras muchas otras que se puedan aplicar en un proceso psicoterapéutico.

Lo que sí es sustancial mantener en la mente es la importancia de que la persona sea conocida más en su contexto, más integralmente y que la hipnosis no sea simplemente una técnica "sacada de la manga", sin tener clara la realidad y las necesidades que presenta la persona, sino que responda al proceso que todo profesional de la salud debe seguir con sus pacientes o clientes.

¿Qué es la hipnosis?

La hipnosis es más antigua de lo que se tiene memoria. Hay evidencia de papiros egipcios de alrededor del 3.000 a.C. que hacen referencia a esta práctica, e innumerables documentos que indican la práctica de la hipnosis en esta cultura. También fue practicada por los faquires de la India. Al ser algo novedoso, como sucede frecuentemente, se le revistió de aspectos misteriosos que han dado una noción falsa de esta técnica, con matices muy variados que han tergiversado el sentido de la misma.

En siglos pasados se desarrollaron muchas prácticas hipnóticas por parte de personas que en su época recibieron rechazo de algunos y reconocimiento de otros. Prácticamente, la hipnosis moderna procede de Friedrich (Franz) Anton Mesmer (1734 – 1835) de nacionalidad alemana, quien estudió Medicina en Viena. Mesmer pensaba que la hipnosis era aplicable a las personas para mover energía que se requería en algunas partes del organismo por deficiencia o carencia de la misma.

Según Mesmer, todos los seres vivos emiten radiaciones por fluido magnético, por ejemplo, la desarmonía; la mala concentración de este fluido en el ser humano era la causa de las enfermedades. Por ello, llevar a una persona al estado hipnótico significaba la canalización de esa energía.

Él mismo practicó el estado de fascinación en animales o magnetismo animal, lo que en su momento se llamó "mesmerismo" en honor a quien lo desarrolló. Sin embargo, esta época no estuvo carente de grandes discusiones acerca del trabajo que Mesmer realizaba con la hipnosis.

Es hasta después de la muerte de Mesmer cuando sus ideas empiezan a desarrollarse, particularmente por el apoyo de un médico escocés, James Braid, en 1841, quien acuñó el término hipnotismo y que relacionó el trance hipnótico con un estado del cerebro parecido al sueño. Precisamente, Braid es quien da la connotación psicológica a la hipnosis con los primeros estudios científicos, dando una perspectiva diferente de la planteada por la "energía" que explicaba Mesmer.

J. Braid

El portugués, el Padre Faria, sacerdote católico, fue quien inició a inducir el estado hipnótico con el término "duérmase". Elliotson (+1863), médico inglés, y colaboradores, realizaron operaciones utilizando este método.

Posteriormente continua el uso de la hipnosis siguiendo el camino médico, como el de Jean Martin Charcot, fundador de la Escuela de Salpêtriere, con quien se inició Freud en esta técnica, y el Padre Gassner, un sacerdote jesuita, al sur de Alemania.

Algunos franceses, como el Marqués de Peységur, Liébault, Bernheim y Coué, emplearon mucho esta técnica con enormes éxitos, así como la conocida Escuela de Nancy.

Gran cantidad de personas han hecho uso de la hipnosis a través de los años, así como también se ha desarrollado distintos modos o caminos que se practicaron para inducir al estado hipnótico. Unos emplearon un modo directivo, dando énfasis a fuerzas magnéticas que cada persona que aplicaba esta técnica tenía, otros usaron métodos más indirectos como el péndulo, el aro que gira, fijar la mirada en una vela, y buscaban que la atención del paciente se pasara del objeto observado a centrar esa atención en la modulación de la voz de terapeuta y así, de diversos modos se ha explicado la inducción hipnótica; pero al final de todo lo que buscaban era que la persona pudiera buscar la resolución o manejo de su problema a través de esta técnica. Quien es considerado padre de la hipnosis moderna es Milton Erickson, de quien hablaremos más adelante.

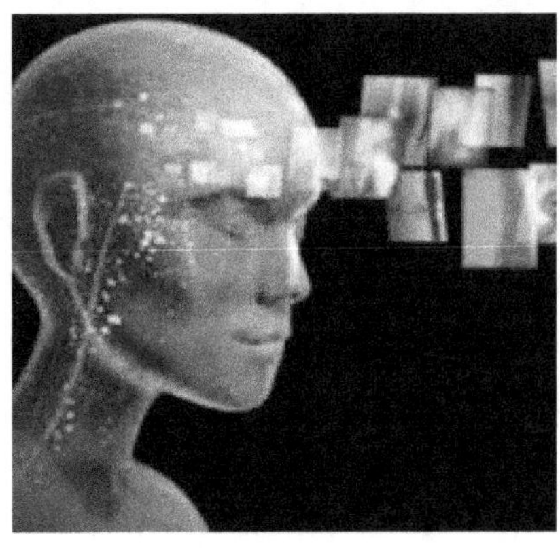

Se puede afirmar que, ante todo, la hipnosis no es un estado de sueño, aunque muchos la han calificado de esta manera. Es un estado de sugestionabilidad que se acrecienta conforme el terapeuta usa de la técnica para suscitar un estado en que la persona es receptiva a otro tipo de pensamientos, diferentes de aquellos que la están perturbando. Por ejemplo, basta con tomar conciencia de que en el sueño natural no se puede inducir a la persona a mantener la atención a las palabras del terapeuta, ni tampoco se puede lograr una sugestión, con la cual pueda el paciente recordar o hablar de situaciones vividas.

Es exactamente una técnica más en Psicoterapia que, bien entendida y bien aplicada, puede ser de enorme utilidad en el tratamiento de determinados desórdenes. No es la única técnica existente.

Hoy, más que nunca, tenemos conocimiento de gran cantidad de corrientes en Psicoterapia y con gran variedad de técnicas. Sin embargo, para quienes logran un estado hipnótico profundo, puede ser muy útil con pacientes que buscan ayuda en Psicoterapia, considerando que la hipnosis debe estar acompañada de un buen proceso de intervención psicoterapéutico. Para algunos casos, bien estudiados y bien preparados en la inducción hipnótica, esta técnica puede ser una elección oportuna en los procesos de recuperación. Por ello, en cuanto a técnica puede ser utilizada por psicólogos que son de corte psicoanalista, procedentes del conductismo o de las corrientes cognitivas conductuales; en fin, no necesariamente la técnica se identifica con una corriente específica de Psicología, es más, ya la hipnosis existía antes de que cualquier teoría o corriente psicológica apareciera definida.

Por ello, quien quiera hacer uso de esta técnica puede echar mano de ella, no es importante la orientación psicológica que utilice en su trabajo profesional.

Con respecto al problema que se trabaje en el proceso psicoterapéutico, algún trastorno excluye *"per se"* el uso de la técnica por no considerarse adecuada en su uso. Se puede considerar la dificultad de ingresar en estado hipnótico a un paciente psiquiátrico por esquizofrenia o niveles muy elevados de ansiedad. Sin embargo, algunos reportan su uso con este tipo de población (Izquierdo, 2012).

Hay estudios que advierten de la inconveniencia del uso de hipnosis regresiva para conocer situaciones de abuso sexual; se ha dicho que el peligro es que el terapeuta de alguna manera puede interferir en la información que desea oír y no necesariamente en lo que realmente sucedió a la persona. Recomiendo que se profundice en esto, no lo hago aquí porque solo este aspecto ameritaría un libro nuevo.

La perspectiva de Gindes (1951), que sigue un matiz más psicoanalítico, es interesante por la relación que establece entre pensamiento, ideas y emociones, especialmente aquellas que operan inconscientemente. El pensamiento está constituido por ideas que afectan el estado emocional. Para este médico, la hipnosis será un medio eficaz para llegar a situaciones que se encuentran bloqueadas en el inconsciente. Se trata, entonces, de dar a la persona pensamientos sustitutos y funcionales con los cuales pueda ejercer control sobre pensamientos destructivos.

Enfocándome desde otra corriente en psicología, se puede tener como referencia el camino que han seguido las corrientes cognitivas en Psicoterapia. Un pensamiento disfuncional (aquello con lo que me perjudico o me pongo zancadillas a mí mismo) afectará el estado emocional y, consecuentemente, afectará la conducta. Lo que busca la hipnosis es tener un camino de acceso al inconsciente por el cual las experiencias pasadas o situaciones traumáticas puedan llevarse al consciente de manera tal, que se pueda identificar la relación que existe entre estas situaciones y estados emocionales, como cólera, miedo, etc.

La aplicación de la hipnosis debe ir de la mano del conocimiento que tenga el psicoterapeuta de la vida del paciente. Pueden darse casos en los cuales recordar experiencias vividas en el pasado que causan al presente efectos no deseados, con hipnosis se puede ayudar a la persona a enfrentar tales situaciones con una actitud diferente a la manera como los venía afrontando. Por ello, la aplicación de la hipnosis debe ser puesta en práctica por un psicoterapeuta que por el manejo de su campo puede identificar cuándo la hipnosis es viable y eficaz en un tratamiento determinado con el individuo.

La hipnosis es un estado consciente de una especie de sueño (ya esto lo aclaré antes) durante el cual el terapeuta trabaja con el paciente mediante la sugestión.

Actualmente se habla mucho de experiencias de dolor en las personas, como la fibromialgia, hay información de trabajo de este problema con hipnosis (Sanz, 2013), como Molina trabajando con adicciones e identificando el buen resultado de la misma en el reforzamiento de otras técnicas que se utilizan en el desarrollo del proceso psicoterapéutico con personas que padecen alguna adicción.

3. Hipnosis e hipnoterapia

No necesariamente la hipnosis que induce a un estado profundo es la más eficaz. El proceso de estado similar al sueño es propio de un modelo tradicional de hipnosis. Sin embargo, existe la hipnosis ericksoniana, conocida también por algunos como hipnoterapia, la cual tiene un modelo que difiere un poco de la que aquí se expone. Tiene elementos importantes y también algunos presupuestos un tanto diferentes de la hipnosis tradicional, como lo explicado aquí, pero que, de la misma manera que la hipnosis tradicional, da resultados excelentes.

M. Erickson

El camino desarrollado por Milton Erickson es una alternativa psicoterapéutica con muchos logros en sus procesos. No me interesa entrar a discutir qué es lo más útil. Cada quien trabajará con la corriente hipnótica, sea tradicional o ericksoniana, con la que se sienta más cómodo y con la que según juicio de cada hipnotista, es la que le da buenos resultados para lo que busca en la s personas.

Erickson nació en 1901, en una pequeña ciudad del estado de Nevada, Estados Unidos de América. Por su entereza y su constancia vence las dificultades de su enfermedad y se gradúa en Medicina y en Psicología. Había padecido de poliomelitis, con años en cama, esto le permitió iniciar el trabajo consigo mismo con un éxito enorme, tanto en la comprensión de su mente como la percepción de las personas que lo rodeaban y quienes cuidaban de él. Muere en 1980, en Phoenix, estado de Arizona.

El éxito del trabajo de Erickson radicó precisamente en que debido a la enfermedad que padeció, poliomielitis, desarrolló una capacidad de introspección y control mental, y por experiencia personal desarrolla el poder de la autosugestión, que es el principio de la hipnosis, como se ha venido diciendo. Para Erickson, el inconsciente juega un papel importante en la recuperación de la persona porque en él se encuentra el potencial del individuo para resolver las situaciones a las que se enfrenta.

Erickson trabajó desde la inducción a la hipnosis profunda hasta la sugestionabilidad en estado conocido de "vigilia", en el que no se entra en el sueño profundo, es decir, que la hipnosis es un estado intermedio entre la sugestionabilidad y el sueño; por lo tanto, no se trata de lo que comúnmente conocemos como sueño, o sea, que la persona permanece consciente durante la sesión. No es tan directivo ni se centra tanto la autoridad del hipnotizador tradicional, pero tiene una perspectiva de orientación, más que del terapeuta, hacia la persona. Es más, la hipnosis, en Erikson, tiene una característica que la identifica, puede ser aprendida como cualquier otra experiencia de aprendizaje que pueda tener el individuo. Al hablar de que es menos directiva hace referencia a que la hipnosis ericksoniana echa mano del potencial que toda persona posee para la resolución o manejo del conflicto.

No excluye el hecho de que Erickson utilizara el método tradicional para poner en práctica una regresión, por ejemplo, como él mismo lo comenta en uno de sus artículos (Rhodes, 1952), aunque su método es bastante particular, innovador y nos proporciona otra perspectiva muy valiosa sobre la hipnosis.

4. Inducción a la susceptibilidad

No toda persona responde igual a un proceso hipnótico. A esto se le denomina resistencia, la cual tiene diferentes orígenes, puede ser por dificultades en la concentración; una persona que tenga dificultades serias con la figura de autoridad podría presentar dificultades en la inducción, puesto que además de sentir que pierde el control de sí misma, las órdenes hipnóticas le pueden resultar amenazantes. Puede originarse también en diversos miedos de lo que arriba identificamos como mitos acerca de la hipnosis, como el miedo a revelar experiencias íntimas, hacer actos contra sus principios o simplemente no desea ser hipnotizado, estos y otros aspectos ya fueron abordados. Sin embargo, un hipnotizador experimentado puede inducir de muchas maneras un estado hipnótico en una persona resistente. La hipnosis puede acelerar los procesos psicoterapéuticos que con otras técnicas durarían más, siempre y cuando la persona sea susceptible a la inducción hipnótica.

Para lograr buenos resultados en un proceso hipnótico es conveniente tener presentes algunas recomendaciones. Al respecto, Gindes (1951) hace algunas proposiciones concretas que podrían seguir este camino:

a. Educar al sujeto. Significa explicar muy bien los mitos y desaciertos de la hipnosis, por ejemplo, la persona no reaccionaría a cualquier orden que vaya contra sus principios; por otro lado, se trata de un proceso que busca la mejora de lo que la persona padece.

b. No necesariamente en la primera sesión se logrará lo que se desea. En algunas personas se requiere tiempo, unas cuantas sesiones, hasta que logre la confianza que necesita para entrar en el nivel de hipnosis profunda. Esto está haciendo referencia a las expectativas de la persona que desea ser hipnotizada.

c. Clases de sujetos, ya que hay personas que, aunque lo desean, inconscientemente no quieren ser hipnotizados o existe en ellos algún temor a la técnica, tendrá que volverse al punto a, es decir, se requiere educación al sujeto o se puede iniciar simplemente con ejercicios de relajación hasta lograr un estado de confianza que le permita al terapeuta y a la persona misma ir hacia niveles más profundos de hipnosis.

Las personas más sugestionables y predispuestas para iniciar las prácticas son jóvenes que oscilan entre los 6 y los 20 años de edad, encontrando un 80% de mayor receptividad en la mujer. Lo que llamamos susceptibilidad es un nivel del proceso hipnótico pero que es utilizado para reconocer la atención, interés, seguridad y confianza que puede tener un sujeto o sujetos que van a ser inducidos al estado hipnótico. No hay que confundir la susceptibilidad con la hipnosis misma. Aquí hay algunos ejercicios que le permiten garantizar el éxito en la inducción de la hipnosis. La aplicación de estos aspectos le permitirá descubrir si podría ser útil inducir al estado hipnótico a un paciente como técnica psicoterapéutica. Estos ejercicios se realizan en lo que conocemos como "estado de vigilia", que es un estado consciente hipnoide del sujeto, es un estado pre-hipnótico que permite distinguir las personas hipnotizables.

Tenga presente mantener una personalidad convincente, ser claro y detallista en el sentido fonético y semántico en las sugestiones (modulación de la voz y sentido de las palabras).

Evítese la burla a las personas o hacer de esta técnica psicoterapéutica objeto de espectáculo y sensacionalismo de masas.

Ejercicios de susceptibilidad

Aunque los ejercicios que se describen a continuación son diferentes, originan lo mismo en la persona, es decir, la sugestión que permite conocer la susceptibilidad de la persona para ser hipnotizada.

Se puede iniciar con un ejercicio de relajación como el que se describe a continuación o alguno similar:

"Junte sus pies..., brazos caídos..., cabeza en posición normal..., cierre los ojos... Haga una respiración honda y deje salir el aire como quien expulsa cualquier tensión o dificultad. Bien... Suelto su pie izquierdo ... su pie izquierdo

suelto... así, bien... ahora suelta su pierna izquierda... su pierna izquierda suelta... así, bien... ahora suelto su costado izquierdo... su costado izquierdo suelto... así, bien... ahora suelto su brazo izquierdo... su brazo izquierdo suelto así, bien... ahora su cuello, su cabeza y los músculos de su cara completamente descansados... así, bien...ahora suelto su brazo derecho... su brazo derecho suelto... así, bien, ...ahora suelto su costado derecho... su costado derecho suelto... así, bien, ... ahora suelta su pierna derecha... su pierna derecha suelta... así bien, ... ahora suelto su pie derecho... su pie derecho suelto... así, bien, ... suelto todo su cuerpo... todo su cuerpo suelto y descansado".

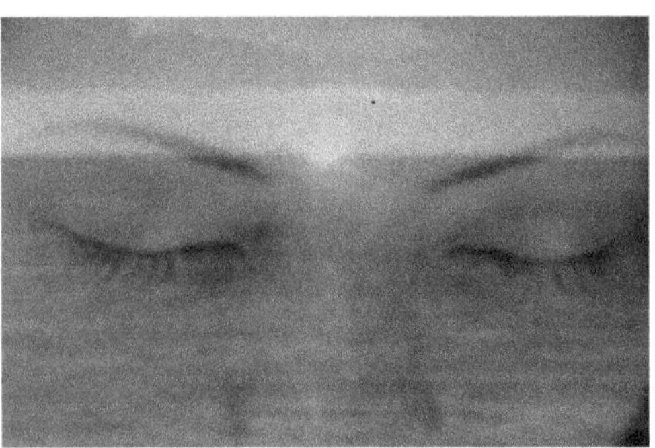

Una vez obtenido el relajamiento del sujeto, se prueba la susceptibilidad del paciente a la hipnosis con alguno u otros de los ejemplos que se le ofréce a continuación.

a. Caída hacia atrás: *... Sienta en sus omoplatos las yemas de mis dedos y como mis yemas se posan suavemente* *en su espalda. Ahora empieza usted a sentir una fuerza que lo tira hacia atrás... esa fuerza es cada vez más intensa...no se resista, aunque usted lo haga no va a poder, esa fuerza es mayor que usted... conforme vaya retirando las manos de sus omoplatos esa fuerza es cada vez más irresistible... no tenga miedo, yo lo sostengo.*

b. Oscilación: *... Ahora Ud. va a empezar a sentir su cuerpo muy liviano... tan liviano que se sostiene únicamente por sus pies y sus piernas, pero va a empezar a oscilar... conforme vaya contando hasta tres su cuerpo oscila sobre sus pies y piernas... uno, es más fuerte esa oscilación...dos, no puede detenerlo..., tres no tema, no cae pero oscila...*

c. Entrelazamiento de las manos: *...Ahora usted coloca sus manos entrelazando sus dedos enfrente de usted... Muy bien, conforme cuente hasta tres, usted sentirá que sus manos se irán transformando en un solo bloque... uno, como si fuera un solo bloque de piedra... dos, se unen cada vez más y más..., tres, nada puede separarlas, usted tratará de separarlas pero no puede... son un solo bloque... están unidas fuertemente... intenta y no puede...*

d. Paralización de las piernas: *...Ahora usted siente sus piernas como se están haciendo sólidas..., voy a contar hasta tres y usted sentirá que sus piernas son tan sólidas como un tronco, son inflexibles..., uno, sus piernas son como un tronco que no se puede doblar... dos, se hacen más sólidas y fuertes, tanto que no se pueden mover..., tres, nada puede hacerlas moverse..., usted tratará de moverlas pero no puede... son sólidas como un tronco... completamente inmóviles... intenta y no puede...*

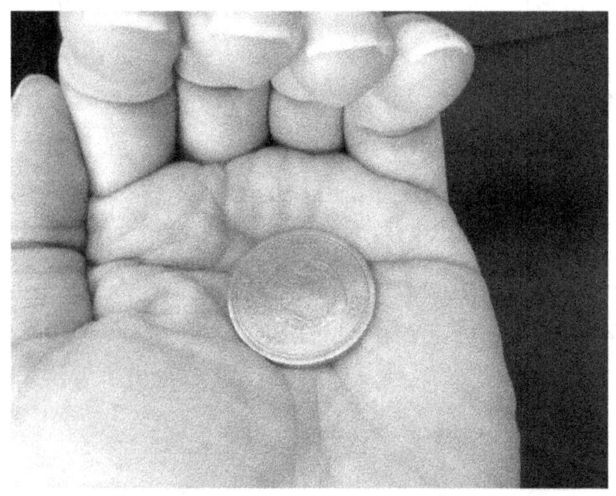

e. Calor en la moneda sostenida entre las manos: ... ... *Ahora usted tiene esta moneda entre sus manos... Bien, conforme cuente hasta tres, usted sentirá que esa moneda empieza a calentar y se transformará en un calor tan intenso que no podrá soportar... uno, empieza esa moneda a calentar... dos, calienta más y más entre sus manos…, tres, es un calor tan intenso que ya no puede sostenerla, no puede sostenerla, está muy caliente… más caliente, no soporta, va a quemarlo, debe tirarla, tírela, está muy caliente…*

De la misma manera puede probar con otros ejercicios que le permitirán identificar la susceptibilidad de la persona a la hipnosis, se trata de hacer un proceso como el explicado en los casos anteriores con la concentración que se requiere y con la seguridad de sugestionar a la persona, seguro de que va a conseguir en el paciente/cliente lo que usted está sugiriendo.

Algunos de estos otros ejercicios son: levantar el brazo sin poder doblarlo, puede ser cualquiera de los dos brazos. Otro ejercicio es el de no poder abrir los ojos y así, hay cantidad enorme de ejercicios de sugestión para identificar la susceptibilidad de la persona.

5. Proceso de inducción hipnótica

En cuanto al proceso hipnótico, Wolberg (1982) evidencia que la inducción produce una disminución de la tensión en dos sentidos. Primero, la inducción puede tener una profunda influencia en la relajación del individuo. Los músculos se aflojan, la respiración es más profunda y regular, el pulso se reduce y los procesos somáticos aparentemente disminuyen. En segundo lugar, las sugestiones dadas al sujeto refuerzan el efecto de una relajación espontánea del estado hipnótico. Puesto que la tensión aumenta los síntomas, tanto funcionales como orgánicos del individuo, reducir tal tensión permite a la persona movilizar fuerzas que disminuyen los síntomas y proporcionan elementos que ayudan a inducir curación. Aunque puede haber diversos medios por los cuales la persona puede disminuir los síntomas producto de vivir bajo mucha presión, como puede ser el ejercicio, la medicación, ejercicios de relajación, etc.; la hipnosis es un medio eficaz que ayuda enormemente a disminuir o aliviar la tensión intensa a la que se someten los individuos a causa de trabajo o exigencias de la sociedad actual. Por ejemplo, en opinión de este mismo médico, la hipnosis puede ser de mucha utilidad en personas que padecen de obesidad por cuanto les ayuda a seguir sus procesos de dieta, Por ello, afirma que aproximadamente el 50% de las personas obesas pueden ser ayudadas con la hipnosis. Igualmente, la sugestionabilidad hipnótica puede ayudar en la tensión que viven personas que padecen de tabaquismo.

El uso de hipnosis en intervenciones quirúrgicas, en tratamientos odontológicos, en lo que signifique disminución de dolor, ha sido frecuentemente utilizado en técnicas combinadas con niveles de anestesia. Para tal efecto es conveniente consultar con médicos y anestesistas. En opinión de Wolberg (1982), la hipnosis así empleada es únicamente una ayuda al proceso de intervenciones para disminuir el dolor, pero no una sustitución de la anestesia, a no ser que sea dirigido por un médico especialista o en combinación con él. Existe un 10% de probabilidad en personas pueden lograr un sueño tan profundo que pueden ser intervenidas con hipnosis, además de bajos niveles de anestesia, evitando así los efectos anestésicos post-operatorios.

La primera orden que se le da al sujeto es *"Usted solamente lo que desea es dormir"*. Desde aquí se inicia el proceso de inducción, mediante el ejercicio de relajación.

En la inducción lo importante es llevar a la persona dentro de un proceso que va como sigue:

- La relajación de cuerpo y mente.
- Centro de atención limitado: puesto que se sugiere a la persona centrarse en la voz del hipnotizador.
- Conciencia reducida del ambiente externo y de cualquier otra preocupación, es decir, no atender nada de lo que le rodea.

- Mayor conciencia interna de las sensaciones.
- Para llegar a un estado de sueño o de trance.

Hay distintas formas de inducir a la persona al estado hipnótico. La que más se utiliza actualmente es por medio de la voz del terapeuta y puede ser inmediata, como contar uno, dos, tres, cuando se conoce la susceptibilidad del individuo, hasta la progresiva, que puede ser de mucha utilidad cuando la persona padece de estrés. Sin embargo, está el método del péndulo, de fijar la mirada en un punto. EL método del péndulo ha recibido algunas críticas debido a dificultades presentadas en alguna paciente que pudo entrar en estado hipnótico por el movimiento del limpiador del parabrisas de su auto.

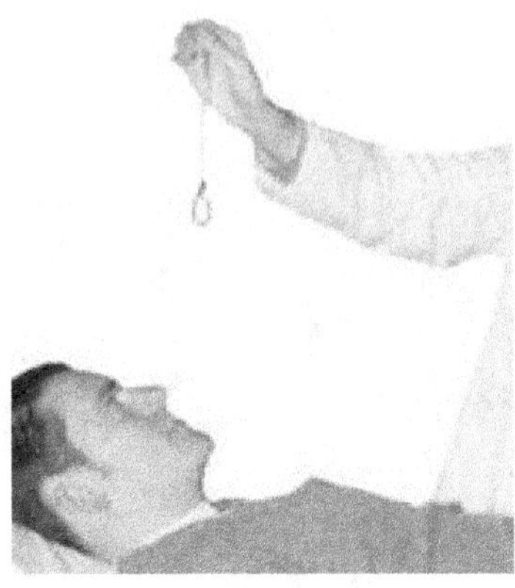

En algunos casos, la primera reacción es que no pude ser hipnotizado/a. Es una expresión común que puede reflejar la negación o el temor inconsciente a la hipnosis. Incluso, el solo advertir que perdieron control de sí mismos aunque fuera por unos minutos.

Otros tipos de inducción son las conocidas como indirectas, que llevan a la persona a fijar su atención mental en metáforas, en el agua, el aire, el viento que roza la piel... etc.

Procedimiento de inducción hipnótica

Entre las diversas escuelas que han practicado la hipnosis hay igualmente variedad de técnicas. Una de ellas puede ser la de pedirle a la persona que fije su mirada en un punto determinado. A partir de este momento se le inicia el proceso de inducción al estado de descanso. Usualmente se le dice "sueño", aunque ya se explicó anteriormente que no se trata de un sueño a manera del sueño natural.

1.   Una inducción sencilla puede ser como sigue:

Usted ahora empieza a sentir sueño... sus ojos empiezan a sentirse pesados... Aunque quiera abrirlos, cada vez los sentirá más pesados... los siente con un enorme peso en ellos... hasta no poder abrirlos, pero esto le produce descanso, es agradable...

Empieza a experimentar un sueño agradable... cada vez es más fuerte y más profundo... únicamente escucha mi voz...

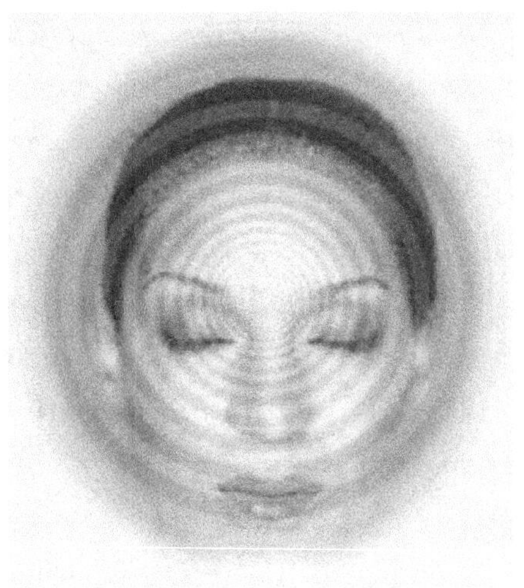

Duerma, duerma, duerma... Está entrando en un sueño profundo y solo escucha mi voz... A la cuenta de cinco estará completamente dormido/a... uno... dos... tres... cuatro... cinco... Ahora su sueño es profundo

(se da aquí el momento para los pensamientos que se quieren reemplazar por otros que le ayuden en la situación por la que busca la terapia).

2. Otro método utilizado y con bastante éxito es el que sigue: se coloca el terapeuta atrás de la persona y fija su mirada en la nuca del paciente. Puede hacerlo de frente colocando la mirada en medio de las cejas, en el ceño. Dando las mismas órdenes que se indican en el método anterior, como sigue:

Mire fijamente mis ojos, usted no piensa en otra cosa más que en dormir. Usted desea beneficiarse de lo que le da la hipnosis… sus parpados empiezan a pesar… empiezan a cerrarse, entre más desee mantenerlos abiertos, más difícil es para usted tenerlos abiertos… se cierran… NO puede abrirlos más hasta que se lo indique… Usted solo piensa en dormir y en descansar… Sus brazos caen…le pesan… igualmente sus piernas las siente pesadas… Usted no puede sentir nada, absolutamente nada…

Ahora se le da la orden directa: ¡Duerma!

Este es el momento de intervenir con los pensamientos que están perturbando a la persona y sugerirle los que se han preparado para la sesión.

Los dos métodos anteriores son más útiles y eficaces cuando la persona es muy susceptible o ha tenido otras sesiones de hipnosis, de manera que es una persona confiada en el terapeuta y en la técnica. Lo importante de todo esto es que en todo método lo que se busca es la sugestión por parte de terapeuta.

Técnicas de Furst

Furst (1969) proporciona una serie de técnicas sencillas que por cortas y con base en la experiencia del hipnotizador, pueden ser de mucha utilidad. Menciono una de ellas.

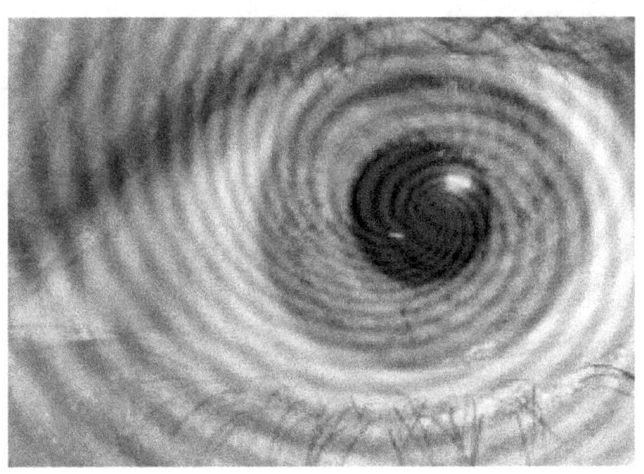

Técnica de la mirada fija en un ojo: es muy recomendada por Furst, especialmente para principiantes y toma poco tiempo en inducir a la persona al estado hipnótico, además de que nos indica la respuesta que está dando la persona o la resistencia que presenta, de tal manera que se pueda evaluar la aceptación de las sugestiones.

Primeramente se debe dar una adecuada explicación a la persona acerca del proceso hipnótico. Esto supone haber aclarado todo acerca de los mitos y malos entendidos de la técnica hipnótica; es decir, estamos preferiblemente dentro de un proceso psicoterapéutico en el cual se ha explicado claramente el beneficio de la hipnosis.

Se le pide a la persona que se siente en una silla, preferiblemente contra luz. Se coloca frente al hipnotizando de manera tal que el paciente no se sienta intimidado, coloque su pie derecho en medio de los dos pies del paciente que está sentado de manera relajada y manténgase hacia el lado del brazo derecho de él, tome las manos del paciente y colóqueselas suavemente con las palmas hacia arriba, abiertas, esto permite identificar si la persona está relajada o tensa, de manera que nos indica si en la persona hay resistencia. Si en algún momento le levantamos las manos y sentimos que hay tensión, entonces se le puede decir:

"Relájese, siéntase muy cómodo, no hay razón por la cual pueda sentirse preocupado o tenso".

Podemos iniciar con estas instrucciones:

Quiero que se siente en esta silla de manera que usted va a estar alerta a lo que le voy diciendo, que pueda oírme mejor y que logre una mejor concentración para lo que le voy a ir indicando... No quiero que se sienta con sueño o cansado... voy a hacer que se sienta más fuerte y más capaz de vivir su vida.

El hipnotista levanta su dedo índice y lo coloca en su mejilla derecha y le indica:

Mire dentro de este ojo y escuche mi voz... [Hablando con voz suave dice:] *cuando yo cuente hasta tres quiero que permita que sus ojos se cierren... sus ojos empezarán a moverse como dando vueltas y sentirá su cabeza pesada y cansada...No se va a dormir, va a escuchar todo lo que yo le diga... Uno... dos... tres.*

Al notar que la cabeza de la persona empieza a cabecear se le dice:

Cuando cuente hasta tres su cabeza estará más pesada y despaciosamente descansará sobre su pecho. Uno... dos... tres...

En caso que el sujeto no cierre los ojos y no cabecea, hay un tanto de resistencia. Entonces, se le pide que siga las instrucciones. Si no cerró los ojos, se pueden poner los dos dedos en sus párpados de manera que suavemente se los cerremos. Si se da el caso de que los vuelve a abrir, se le da la instrucción:

"quiero que permita que sus párpados se cierren y que mantenga sus ojos cerrados hasta que le indique que puede abrirlos".

Para deshipnotizar a la persona se expresa lo siguiente:

"Cuando cuente hasta siete va a abrir sus ojos despacio y sentirá muy descansado, confortable y cómodo. Se ha sentido muy relajado mientras me escuchaba y se sentirá muy satisfecho y con grandes deseos de realizar lo que le he dicho... Se sentirá muy contento al notar los cambios y avances por llevar a la práctica las cualidades que usted mismo posee. Se sentirá muy bien... más fuerte y relajado... Uno... dos... tres... cuatro... cinco... seis... siete... Abra sus ojos".

Técnica de Hadley y Staudacher

Estas profesionales, Hadley y Staudacher (1994), recogen una enorme experiencia con la hipnosis para diversidad de situaciones, como por ejemplo, para la pérdida de peso, para el fumado, el estrés, para fobias, para el parto natural, autoestima y motivación, aprendizaje, entre otras.

Introducir su técnica es un medio más de conocer la variedad de métodos para inducir la hipnosis, además de tener diversas alternativas para usarlas conforme el profesional se sienta más cómodo y obtenga mejores logros en su trabajo profesional.

a. Técnica de fijación en una vela u otro objeto.

En este caso sugiero utilizar la de la llama, para lo cual se requiere tener una vela que se encenderá al inicio de la sesión, una vez que se ha explicado adecuadamente el proceso que se va a seguir. Esta técnica, que los autores denominan "la inducción de fijación", se puede utilizar como fijación de la mirada, sea en un punto en la pared O algún otro objeto de fijación.

Se da la siguiente instrucción:

Observe arder y parpadear la llama. Mantenga los ojos fijos en la llama y concéntrese en ella. Observe la llama parpadear y mantenga los ojos sobre la llama. Mientras observa arder la llama, sus ojos se volverán pesados, se volverán pesados y sus ojos se harán más pesados... y más pesados... más pesados... hasta que se cierren.

b. Otra inducción de las hipnoterapeutas citadas.

Haga una buena respiración profunda, cierre los ojos y comience a relajarse. Simplemente piense en relajar cada músculo de su cuerpo... Y comience a dejar que todos los músculos de su rostro se relajen, en especial su mandíbula; deje que sus dientes se separen un poco y relaje esa zona...

Déjese arrastrar y flote en un nivel más y más profundo de relajación total. Sienta que le quitan de sus hombros un gran peso... un gran peso... gran peso.

Imagínese una bella escalinata. Hay diez escalones y los diez le conducen a un lugar especial, apacible y bello. En un momento voy a hacer una cuenta regresiva de diez a uno, y usted puede imaginar que desciende los escalones, y al dar cada paso, siente que su cuerpo se relaja más y más, siéntalo dejarse arrastrar hacia abajo, hacia abajo con cada paso, y relájese aún más profundamente, diez, relájese aún más profundamente, diez... relájese aún más profundamente, nueve... ocho... siete... seis... cinco... cuatro... tres... dos... uno... más profundamente, más profundamente...

Y ahora, imagine un lugar apacible y especial. Puede imaginar ese lugar especial o tal vez hasta pueda sentirlo. Usted está en... [Se introduce una descripción del lugar ideal. Ya se puede tener una idea de él con base en el proceso que se ha seguido con el paciente]. *Está solo y no hay nadie que lo moleste. Para usted este es el lugar más apacible del mundo.*

Teniendo evidencia de que la persona descansa profundamente, se dan las instrucciones post-hipnóticas. Luego se concluye la inducción hipnótica con instrucciones similares a las que se sugieren:

Disfrute su lugar especial durante otro momento y luego empezaré a contar de uno a diez y puede comenzar a regresar a la plena conciencia, volver a sentirse renovado como si hubiese tenido un largo descanso. Empiece a volver ahora. Uno... dos... tres... cuatro... cinco... seis... siete... ocho... nueve... diez, abra los ojos y desande todo el camino, se siente muy bien.

Técnica de relajación progresiva

Otro método, más largo pero eficaz, es el de Pizarro (1976), conocido como la técnica de relajación progresiva. Es una técnica que puede tomar de 20 a 30 minutos.

Para alcanzar el estado hipnótico, como se ha venido explicando aquí, es necesario tener en cuenta algunos aspectos que se deben seguir. A continuación encontrará, paso a paso, lo que se debe tener en cuenta (Pizarro, 1976). A cada uno de estos pasos se le da el nombre de "grado". Antes de seguir con el procedimiento propiamente, es importante explicar cada uno de estos grados. La aplicación de la técnica se encuentra más adelante.

Primer grado

Después de haber obtenido una buena relajación, puede iniciar su sesión de hipnosis con el primer grado. En este grado se buscan dos aspectos:

a. Completa relajación muscular.
b. Relajación bascular: al hacerlo imaginarse el calor agradable que recorre su cuerpo.

El objeto de insistir en que recorra su pensamiento es mantener desviada la atención crítica, para hacer que acepte el propósito completo de las sugestiones. No olvide pedir al sujeto que cierre los ojos, de lo contrario sería apoyar las contra sugestiones estimuladas por el campo visual. En este grado sólo se indica descanso y relajamiento, en ningún momento sueño.

Segundo grado

En este grado el paciente debe experimentar un relajamiento total de sus músculos. La expresión de la cara desaparece. Al momento de cerrarse los ojos manifiesta cierta vidriosidad y poco a poco pierden los movimientos voluntarios, hasta que espontáneamente se cierren, manifestando serenidad absoluta. Cuando haya terminado el primer grado no debe dejar de hablarle. Las sugestiones deben repetirse continuamente.

Tercer grado

En este grado hay una mayor sensibilidad y actitud hiper-receptiva a los estímulos, tanto que algunos dicen que un hipnotizado en tercer grado puede escuchar el sonido de la cuerda de un reloj de pulsera a cuatro o cinco metros de distancia. Puede dársele agua en un vaso y confundirse entre varios iguales, él sabrá identificar el vaso original que tocaron sus labios. Nada de misterioso tiene. Consiste en la mayor receptibilidad y distinción que adquieren los sentidos. Para darnos cuenta si el sujeto está en tercer grado, donde acepta las alucinaciones cuando se sospeche que el hipnotizado está fingiendo, se puede aplicar lo que se sugiere en la hoja de aplicación de técnica.

Cuarto grado

En este grado, según la división de la técnica que estamos utilizando, hay manifestaciones de anestesia superficial espontánea, cambios físicos en el rostro, temperatura baja y pérdida parcial de reflejos. No debe preocuparse por los cambios de rostro y de temperatura, pues esto es característico de la hipnosis profunda. El sujeto experimenta insensibilidad superficial, hay principios de rigidez espontánea, baja temperatura. Para probar este grado puede punzar con un alfiler o una aguja, debidamente desinfectada, en forma cutánea o subcutánea, la piel del paciente.

Quinto grado

En este grado hay amnesia (pérdida de la memoria). También hipermnesia (reminiscencia de recuerdos), rasgo característico de la sugestionabilidad que ejerce sobre la disociación de la mente, siendo de gran utilidad para los hipnoterapeutas, facilitándoles conseguir una regresión hipnoanalítica, con las ventajas que ello tiene para el paciente y para el terapeuta.

El hipnotizado sufre amnesia total de todo lo ocurrido en la sesión hipnótica. Debe ser sugerido el olvido de lo ocurrido durante la sesión. Aquí se da la sensibilidad hipermnética que facilita la regresión de edad. Es un grado importante para las órdenes post-hipnóticas.

La deshipnotización

La deshipnotización debe ser pausada, gradual y estimulante. La deshipnotización brusca trae como consecuencia debilidad muscular, jaquecas, dolores de cabeza, etc. Puede también manifestar resistencias a futuras sesiones hipnóticas. Debemos suprimir el mito de que un paciente puede quedar dormido indefinidamente. Esto no es cierto, si la persona no obedece a la indicación de despertar, el sueño hipnótico se convierte en sueño normal después de un período de tiempo y se le puede despertar.

Técnica

Después de que la persona hizo una adecuada relajación, se inicia con el primer grado. Las palabras "bien", "así", "ahora" son muy útiles para dar un ritmo pausado, tanto a la voz como a la sesión completa, lo que permite a la persona sentirse cómoda y descansada (Pizarro, 1976). Este método puede ser muy útil para personas con quienes se inician las sesiones de terapia. Posteriormente se pueden dar instrucciones post-hipnóticas con las cuales se le indica a la persona algo así como:

Para sesiones posteriores, con solo que fije su mirada en mis ojos (en un punto, objeto o lo que se decida) y le cuente hasta tres (o cuatro o cinco), usted caerá en un profundo sueño.

Otra forma es: *Con el sonido de mis dedos tres veces (o al escuchar tres veces que aplaudo con mis manos, o cualquier otro signo que decida, eso no es tan importante), usted dormirá profundamente.*

Lo que importa es que el signo que se haya utilizado sea usado, porque es a lo que la persona tenderá a obedecer para entrar en estado hipnótico. Se han usado distintos modos de inducir al estado hipnótico, otros son: dar tres golpes en la madera, dejar caer un libro, cuando suelte la presión que hago en su frente, al dejarle caer su mano, al sonido x, al escuchar determinada palabra... y así de cualquier modo que se decida utilizar el medio por el cual la persona responde. Lo que sí es recomendable es que al inicio de la sesión se indique algo que le permita al paciente saber que va a ser inducido. Conozco experiencias donde la persona entró en estado hipnótico antes de ingresar a consulta porque la indicación eran tres golpes en la madera, por ejemplo, y tres golpes dados por otras razones hicieron entrar a la persona en estado hipnótico en la sala de espera. Esto puede sonar exagerado o excepcional y ciertamente no va a suceder con toda persona, pero sucede, especialmente con las personas más sensibles.

1. Primer grado

Bien ... ahora usted va a recorrer con su pensamiento todo su cuerpo... parte por parte... articulación por articulación... por donde pase su pensamiento usted sentirá un gran alivio, un gran descanso y una gran satisfacción... Usted solamente oye mi voz... Usted solamente escucha mis palabras que hacen dormir y que hacen descansar... bien... Recorra con su pensamiento el dedo grande de su pie izquierdo... así, bien... ahora recorra con su pensamiento el dedo que sigue... así, bien... el otro..., el otro..., así, bien, el dedo pequeño de su pie izquierdo recórralo con su pensamiento... así, bien... ahora recorra con su pensamiento su pierna izquierda... así bien... , por donde pasa su pensamiento usted siente un gran peso... pero ese peso le causa alivio, descanso, es agradable... bien, ahora... recorra con su pensamiento su costado izquierdo... las costillas de su costado izquierdo, recórralas con su pensamiento... así, bien... recorra con su pensamiento su brazo izquierdo..., su mano izquierda... Recorra con su pensamiento su cuello, su cabeza, los músculos de su cara... así, bien... Ahora... recorra con su pensamiento su brazo derecho..., su mano derecha... así, bien... las costillas de su costado derecho recórralas con su pensamiento... así, bien... recorra con su pensamiento su pierna derecha... así, bien ... Ahora recorra con su pensamiento su pie derecho... así, bien,... recorra con su pensamiento el dedo pequeño de su pie derecho... así, bien... ahora recorra con su pensamiento el dedo que sigue... así, bien... el otro..., el otro..., así, bien, ... el dedo grande de su pie derecho recórralo con su pensamiento... así, bien... Ahora... imagínese usted un calor muy agradable en su pie izquierdo... ese calor sube por su pierna izquierda... su costado izquierdo...

su brazo..., su mano..., su cabeza... baja por su brazo derecho, su mano... su costado derecho... su pierna... su pie derecho... ¡qué calor tan agradable siente usted en todo su cuerpo...! Su cuerpo completamente descansado... bien, descanse..., descanse..., descanse... Ahora respire hondo... así..., otra vez..., otra vez... Vea que estas respiraciones dan a su abdomen y a todo su cuerpo un gran alivio, un gran descanso, una gran satisfacción... Bien, descanse más... más... más.

2. Segundo grado

Ahora... abra usted sus ojos y mire fijamente hacia arriba... así... cuando diga UNO cierre y abra sus ojos al mismo tiempo que sus manos... cuando diga DOS cierre y abra sus ojos al mismo tiempo que sus manos... cuando diga TRES también... y así sucesivamente... cuando yo haya contado hasta VEINTE un sueño profundo... profundo... invadirá sus ojos.

Bien... vamos a empezar... UNO... cierre y abra sus ojos al mismo tiempo que sus manos... DOS... cierre y abra sus ojos al mismo tiempo que sus manos... TRES... CUATRO... CINCO... descanse... descanse... descanse... SEIS... cierre sus ojos, sus ojos completamente cerrados, están pesados como dos láminas de plomo, como dos láminas de plomo están pesados sus ojos, pero eso le causa alivio, descanso, es agradable... SIETE... usted solamente oye mi voz, usted solamente escucha mis palabras que hacen dormir y hacen descansar... OCHO... duerma... duerma... duerma... NUEVE... duerma más... más... más... DIEZ... más profundo..., más profundo, más profundo... ONCE... sus ojos pesados como dos láminas de plomo, como dos láminas de plomo están pesados sus ojos, pero eso le causa alivio, descanso, es agradable... DOCE... usted solamente oye mi voz, usted solamente oye mis palabras que hacen dormir, que hacen descansar... TRECE... duerma..., duerma..., duerma... CATORCE... un sueño agradable siente usted en sus ojos... solamente le interesa ahora dormir, descansar y escuchar mi voz... QUINCE... duerma..., duerma..., duerma... DIECISÉIS... duerma más..., más..., más... DIECISIETE... más profundo..., más profundo..., más profundo... DIECIOCHO... descanse..., descanse..., descanse... DIECINUEVE... descanse más... más..., más... VEINTE... duerma..., duerma..., duerma..., descanse..., descanse..., descanse... (Puede sentarse..., puede sentarse..., puede sentarse..., siéntese... siéntese..., siéntese...)

3. Tercer grado

Bien... ahora... cuando yo cuente hasta SIETE, todos sus sentidos captarán mejor las cosas... su voz será más clara, su mirada más sensible, su tacto, su olfato, sus oídos, su gusto, todos sus sentidos captarán mejor las cosas cuando yo cuente hasta SIETE... Usted solamente oye mi voz, usted solamente escucha mis palabras que hacen dormir y hacen descansar... UNO... duerma..., duerma..., duerma... DOS... duerma más..., más..., más... TRES... más profundo..., más profundo..., más profundo... CUA-TRO... CINCO... SEIS... descanse..., descanse..., descan-se... SIETE... duerma..., duerma..., duerma..., descanse..., descanse..., descanse... Ahora... su voz es más clara, su mirada más sensible, su tacto, su olfato, sus oídos, su gus-to, todos sus sentidos captan mejor las cosas..., así, bien... descanse más..., más..., más...

4. Cuarto grado

Duerma profundamente..., profundamente..., profunda-mente... descanse..., descanse..., descanse... Ahora, cuan-do yo cuente hasta TRES usted viajará en una densa nube hacia lo lejos... y su cuerpo estará cubierto por una gruesa capa de caucho, será insensible, no sentirá absolutamen-te nada, por estar cubierto por esa gruesa capa de cau-cho... se aleja usted más y más en esa densa nube hacia lo lejos..., hacia lo lejos..., hacia lo lejos..., duerma más..., más..., más... UNO... DOS... TRES... Descanse..., des-canse..., descanse...

5. Quinto grado

Duerma profundamente..., profundamente... profunda-mente... Descanse..., descanse..., descanse... Ahora, cuan-do yo cuente hasta TRES usted viajará nuevamente en esa densa nube hacia <u>lo infinito,</u> hacia <u>la lejanía,</u> donde todo es distinto, pero no es nuevo, y usted desde esa lejanía escuchará más clara mi voz, usted perderá todo contacto *con el mundo exterior, pero escuchará más clara mi voz... se alejará usted más y más en esa densa nube hacia lo infinito, hacia la lejanía..., hacia la lejanía..., la lejanía... Duerma más..., más... más... UNO... DOS... TRES... ya usted se encuentra en esa lejanía donde escucha muy clara mi voz... Descanse..., descanse..., descanse...*

6. Deshipnotización

Ahora... cuando yo cuente hasta SIETE usted va a despertar y se va a sentir perfectamente bien... perfectamente bien... no va recordar absolutamente nada de lo que pasó en esta sesión de hipnosis... absolutamente nada... y cuando se le pida nuevamente si quiere ser hipnotizado, usted va a aceptar gustosamente, porque esto le produce un gran alivio y descanso a su cuerpo, es un beneficio para usted, además, en la hipnosis no se revelan intimidades que la persona no siente... UNO... se va a sentir perfectamente bien..., perfectamente bien..., con ideas positivas, amor a la vida, deseos de superarse cada día más... DOS... se va a sentir muy bien..., muy bien... TRES... CUATRO... CINCO... todo anda bien en su cuerpo, su circulación, su respiración, todo anda perfectamente bien... SEIS... respire lentamente... así... otra vez... respire hondamente... así..., otra vez..., SIETE... despierte... despierte... despierte... abra los ojos... despertó... se siente bien... se siente bien... descanse..., descanse..., descanse...

Órdenes post-hipnóticas

Las órdenes post-hipnóticas van desde las indicaciones para que se facilite la entrada en estado hipnótico del paciente en posteriores sesiones, hasta los mensajes que se quiere transmitir a la persona que está en proceso psicoterapéutico.

En este momento se dan las instrucciones para personas con dificultades para el sueño, con miedos a experiencias o situaciones vividas que le impiden sentirse adecuadamente, problemas de alcohol, uso de drogas, fumado, situaciones ansiosas, preparación para el parto, etc.

Algunas sugerencias tomadas de distintos hipnoterapeutas se señalan a continuación.

En el futuro tendrá usted mayor fuerza de voluntad y tomará un mayor control sobre usted mismo. Se sentirá muy bien observando sus logros día a día, conforme avanzan las semanas se sentirá más y más contento de lo que va logrando. [Se puede sugerir que se sentirá muy bien cuando habla con las personas, cuando le piden hacer algo a lo que le tenía algún temor. Siempre hablando en positivo].

Fumadores

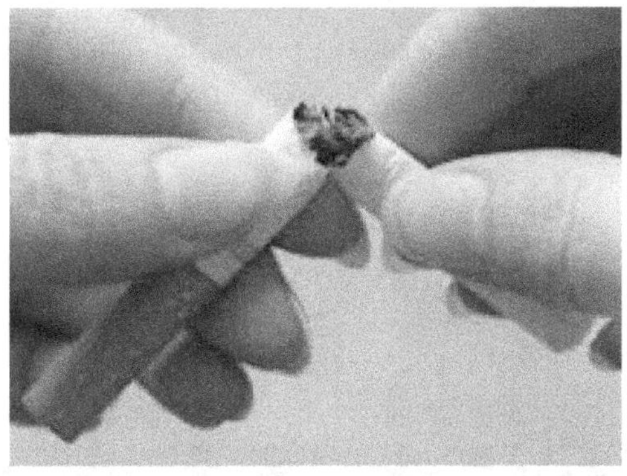

Al fumador se le puede sugerir su deseo de respirar aire puro y su satisfacción al tener sus pulmones llenos de aire puro. Reconoce sus habilidades y su fuerza de voluntad para darle a su vida la dirección que desea. Algún mal hábito que usted tenga, usted mismo va a ir disminuyéndolo por su fuerza de voluntad y su deseo de superación, con tranquilidad y con mucha paz. Podrá dirigir su vida de tal manera que podrá sentirse muy satisfecho de los logros obtenidos en todo lo que le inquieta.

A las personas que desean superarse en sus estudios o que tienen dificultades para estudiar, especialmente a los jóvenes adolescentes, se les sugiere, como se indicó arriba, acerca de su fuerza de voluntad y autocontrol y sus deseos de ser cada día mejor. Estará atento en cada lección y asimilará perfectamente lo que se dice en clase. Tendrá una memoria más clara, más aguda. Recordará con facilidad los aprendizajes y al darse cuenta de su superación, tendrá mayor deseo de saber y conocer. Usted cree en usted mismo y conoce cuáles son sus cualidades. Sin embargo, irá descubriendo nuevas cualidades conforme pasan los días y las semanas. Se sentirá cada vez más contento con los pequeños logros que día a día va teniendo.

Personas con sobrepeso

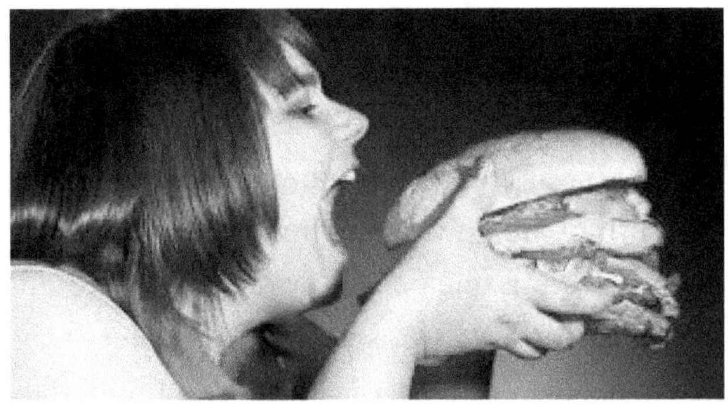

Se les sugiere su fuerza de voluntad y su deseo de ir eliminado lo que le causa daño y en su lugar comerá lo que sea beneficioso para él o ella. En lugar de comer grasas y carbohidratos, sentirá el deseo de comer frutas y vegetales, que disfrutará al notar que su cuerpo se hace cada vez más saludable.

Autoestima

Usted es una persona que cree en usted mismo. Cada día va descubriendo todo lo que tiene para dar a los demás y compartirlo con los que requieren de su apoyo y buena disponibilidad. Usted es un ganador o una ganadora. Piensa positivamente acerca de usted mismo/a y así se irá manifestando en sus actitudes. Lo verá día a día, con pequeños pero constantes logros que lo harán sentirse satisfecho de usted mismo y de lo que usted hace por usted. Se siente seguro de sí mismo, confiado y con enormes deseos de salir adelante, luchando por lograr sus metas. Va disfrutar momento a momento lo que va logrando. Lo que usted logra es para bien de muchos otros. Se verá triunfante y con nuevos caminos que deseará seguir para lograr lo que desea.

Consideren que, en algunos casos, problemas de fumado o bebida son producidos por circunstancias que el psicólogo puede conocer por el proceso con el cual se acompaña al paciente. Un bebedor de licor puede serlo por dificultades para enfrentar la vida, por ejemplo. En estos casos se requieren instrucciones post-hipnóticas que le ayuden a la persona a afrontar la vida con una actitud diferente; por ello se insiste tanto en que las instrucciones post-hipnóticas se deben dar en positivo. Está probado, por muchos especialistas en hipnosis, que con decir: *"Usted no va a tomar o no va a fumar más, no va a comer en exceso..."* etc., no sirve.

Igualmente, al señalar lo desagradable que es una u otra cosa, tampoco sirve, tarde o temprano vuelve a comer, fumar o beber y se dará cuenta de que sí le agrada. También cuando se les dice, por ejemplo: *"Usted no puede tomar o fumar o comer en exceso..."* ¡Claro que puede!, por eso están en consulta porque pueden hacerlo y lo están haciendo de manera inadecuada. No tendrá ningún efecto positivo en las personas a las cuales se les induce con términos negativos. De aquí los malos resultados de la hipnosis y razones de sobra para deducir por qué no funciona en algunas personas. El problema está en el terapeuta y en la forma de dar las instrucciones post-hipnóticas.

Hay numerosas investigaciones sobre los resultados de la hipnosis en problemas de adicciones, tratamiento del asma, ansiedades, ataques de pánico, etc. En este libro únicamente se introduce la técnica y se enseña de manera sencilla a dar los primeros pasos en la aplicación de la hipnosis. No se habla de regresión, por ejemplo, como tampoco de investigación seria que hay en temas como los mencionados. Se le sugiere al lector que profundice en el tema que más le interesa y en aquella área en la que específicamente esté trabajando.

Como se ha venido diciendo, se requiere tener en cuenta que es SOLAMENTE una técnica, NO es la panacea, es necesario saber emplearla, se requiere conocimiento del proceso que lleva la persona.

REFERENCIAS

Bandler, R. y Grinder, J. *Modelos del trabajo hipnótico de Milton Erickson*. Recuperado el 22/02/13 http://xa.yimg.com/kq/groups/24294776/67897409/name/BANDLER+Y+GRINDER.++EL+TRABAJO+DE+ERICKSON.pdf

Furst, A. (1969). *Post-Hypnotic Instructions*. CA: Wilshire Book Company.

Gindes, B. (1951). *New Concepts of Hypnosis*. CA: Wilshire Book Company.

Hadley, J. y Staudacher, C. (1994). *Hipnosis. Camino para el cambio*. Barcelona: Robin Book.

Izquierdo, K. *Hypnosis for schizophrenia*. Recuperado el 13 de junio de 2013 de: http://bscw.rediris.es/pub/bscw.cgi/d4417380/Izquierdo-Hipnosis_esquizofrenia.pdf

Kroger, W. (1963). *Clinical and Experimental Hypnosis: In Medicine, Dentistry and Psychology*. Philladelphia: J. B. Lippincott Company.

Magonet, P. (1957). *Practical Hypnotism*. CA: Wilshire Book Company.

Molina del Peral, J. A. La hipnosis en la psicoterapia cognitivo-conductual: aplicaciones en el campo de las adicciones. *Adicciones*, 13, 1. 2001. Madrid.

Muñoz, F. (2012). *La persona en psicoterapia*. San José, Costa Rica: Ed. Guayacán.

Pacheco, M. *Sistematización de la hipnosis ericksoniana*. Recuperado 17 de mayo de 2013 de: http://bscw.rediris.es/pub/bscw.cgi/d4456612/Pacheco-Sistematizacion_hipnosis_ericksoniana.pdf

Pérez Hidalgo, I; Cuadros Fernández, J.;Nieto Castañón, Ch.; Coordinadores. *Hipnosis en la práctica clínica. Vol I. Técnicas generales*. Madrid: EOS Psicología.

Pérez Hidalgo, I; Cuadros Fernández, J.; Nieto Castañón, Ch.; Coordinadores. *Hipnosis en la práctica clínica. Vol II. Aplicaciones clínicas*. Madrid: EOS Psicología.

Pizarro, A. (1976). *La Hipnosis*. San José, Costa Rica. [Material no publicado].

Powers, M. (1961). *A Practical Guide to Self-Hypnosis*. CA: Wilshire Book Co.

Rhodes, R. (Ed.) (1952). *Therapy through Hypnosis*. CA: Wilshire Book Company.

Sanz, L. A. *La hipnosis entre las buenas prácticas para el control del dolor*. Recuperado 17 de mayo de 2013 de: http://medicablogs.diariomedico.com/reflepsiones/page/2/

Wolberg, L.R. (1982). *Hypnosis. What It Is. How to Use It*. CA: Wilshire Book Company.